Wildkaninchen wurden bereits im antiken Rom in ummauerten Gehegen gehalten und teils auch gemästet. Aus dem Mittelalter weiß man, dass französische Mönche Kaninchen züchteten. Später waren Hauskaninchen besonders wichtig für alle, die sich keine größeren Nutztiere leisten konnten. Die Leute brauchten Fell und Fleisch. Als vor gut 200 Jahren viele in den Fabriken Arbeit fanden, bauten sie in Hinterhöfen und Laubenkolonien Kaninchenställe. So entstanden vor allem in den Industriegebieten erste Kaninchenzüchtervereine.

in den Bau flüchten

die Kolonie bewachen

zum Spaß Luftsprünge machen

sich beschnuppern

einen Gang graben

mit den Geschwistern den Bau verlassen

Für meine schlauen Ratgeber Line, Clara, Oma Heidi, Martina, Theo, Emma und Noah.
Und danke an Eva, Hans, Manuel und Roland für beste Ideen und Zusammenarbeit! E.S.

Die Deutsche Nationalbibliothek verzeichnet diese Publikation in der Deutschen Nationalbibliografie; detaillierte bibliografische Daten sind im Internet abrufbar über http://dnb.de

Eva Sixt (Text und Bilder): Hasenfest und Hühnerhof.
Naturwissen – nicht nur für Ostern.

www.atlantis-verlag.ch

Typografie: Manuel Süess, Zürich. Druck: Grafisches Centrum Cuno, Calbe
ISBN 978-3-7152-0712-4 / 2. Auflage 2017

Hasenfest und Hühnerhof

Eva Sixt

*Naturwissen –
nicht nur für Ostern*

atlantis
thema

FARM
IREKT
EUGER
LITÄT!

Wenn der Winter zu Ende geht, tauchen sie auf. Noch bevor die ersten Blüten der Schneeglöckchen aus der Erde hervorspitzen, sitzen plötzlich überall Hasen: Im Supermarkt, im Bioladen, beim Bäcker und im Spielwarenladen. Sie gucken uns aus freundlichen Augen an. Ihre Körper sind aus Schokolade, manchmal aus Marzipan oder roter Zuckermasse, aus Pappmaché oder Plüsch. Einige hocken in Nestern und hüten bunt gefärbte Eier. Andere schleppen schwere Körbe mit Ostereiern auf dem Rücken.

Aber wie ist das eigentlich mit dem Osterhasen?
Können Hasen tatsächlich bunte Eier legen?
Oder nur weiße und braune?
Und ist Kaninchen ein anderer Name für Hase?

Schließlich sehen die Kaninchen, die viele Kinder als Haustiere halten, so ähnlich aus wie die Osterhasen.

Feldhase

Wildkaninchen

Feldhase und Wildkaninchen leben bei uns in freier Natur. Sie haben eine unterschiedliche Lebensweise. Weil ihr Körper daran angepasst ist, sehen sie verschieden aus.

Der Feldhase ist nicht einfach ein großes Wildkaninchen. Verglichen mit dem Körper sind seine Ohren und Hinterbeine auch länger.

Das Wildkaninchen ist kleiner als der Feldhase. Mit seinen kürzeren Beinen und Ohren wirkt es rundlicher.

Die Hauskaninchen stammen vom Wildkaninchen ab.
Seit mehr als 2000 Jahren halten Menschen Kaninchen, um sie zu essen.
Im Lauf der Zeit hat man viele verschiedene Kaninchenrassen gezüchtet. Heute sind vor allem die niedlichen Zwergkaninchen beliebte Haustiere.
Das Widderkaninchen hat herabhängende Ohren und das Angorakaninchen liefert weiche Haare für Wolle.
Die Deutsche Riesenschecke gehört zu den größten Rassen und kann sieben Kilo schwer werden.

Widderkaninchen

Angorakaninchen

verschiedene Zwergkaninchen

Deutsche Riesenschecke

Der Feldhase sitzt auf der Wiese zwischen Löwenzahn, Gänseblümchen und Wiesenschaumkraut. Die Ohren mit den schwarzen Spitzen hat er aufgestellt. Er lauscht, ob ihm von irgendwoher Gefahr droht. Die langen Ohren, die man auch Löffel nennt, funktionieren wie Schalltrichter. So kann der Hase auch die leisesten Geräusche hören. Mit seinem auffälligen Schwanz gibt er anderen Hasen manchmal Signale.

Feldhasen leben in Landschaften mit Feldern, Äckern und Wiesen. Unbedingt brauchen sie viele Hecken und Büsche, die ihnen Schutz bieten. Hasen verspeisen mindestens hundert verschiedene Pflanzenarten. Klee und Gräser mögen sie besonders gern.

Wie alle Wildtiere hat der Hase auch Feinde, zum Beispiel die Füchse und Hunde. Wenn einer angreift, bleibt dem Hasen nur eines: weglaufen, und zwar so schnell wie möglich!
Mit bis zu 70 Kilometern pro Stunde sprintet er davon. Dabei schlägt er plötzlich Haken, um seinen Verfolger abzuhängen.

Feldhasen sind vor allem in der Dämmerung und nachts unterwegs. Deshalb bekommt man die scheuen Tiere nur selten zu Gesicht.
Sie streifen oft allein umher, manchmal auch zu zweit oder in einer kleinen Gruppe. Wenn ein Feldhase einem anderen begegnet, beachtet er ihn normalerweise kaum.

Zur Paarungszeit jedoch ist alles anders!
Diese aufregende Zeit beginnt ungefähr im Februar. Der Höhepunkt ist um Ostern. Die Hasenhochzeit fängt damit an, dass mehrere Hasen eine Häsin verfolgen und dabei um die Wette flitzen.
Der Hase, der den Wettlauf gewonnen hat, wird von der Häsin zum Boxkampf herausgefordert. Die beiden Tiere stellen sich auf ihre Hinterläufe und schlagen mit den Vorderpfoten wild aufeinander ein.

Wenn sich der Hase beim Zweikampf tapfer schlägt, darf er sich danach mit der Häsin paaren. Auf diese Weise sucht sie den schnellsten, geschicktesten und kräftigsten Vater aus für ihren Nachwuchs.

Die Häsin ist sechs Wochen lang trächtig.
So nennt man es, wenn die Jungen in ihrem Bauch heranwachsen. Dann bringt sie bis zu fünf Junge zur Welt. Die kleinen Häschen haben bei der Geburt ein weiches Fell und öffnen bald ihre Augen. Sie können bereits gut sehen und hören und sind von Anfang an recht selbstständig.

Die Hasenmutter legt ihre Jungen in einer Wiese ab und kommt nur zwei Mal am Tag vorbei, um sie mit Milch zu säugen. Leider haben kleine Hasen viele Feinde. Greifvögel, Rabenkrähen, Füchse und Marder haben es auf sie abgesehen, und auch Hunde und Katzen können ihnen gefährlich werden.

Die Natur hat sich deshalb einen Trick ausgedacht:
Die Jungen haben noch keinen starken eigenen Geruch, sodass Feinde sie nicht so leicht aufspüren können. Solltest du einmal ein Häschen finden, das allein in einer Wiese sitzt, dann fasse es auf keinen Fall an. Sehr wahrscheinlich kommt die Hasenmutter zurück. Wenn das Junge aber den Geruch deiner Hände angenommen hat, wird sie es vielleicht im Stich lassen.

Junge Hasen wachsen schnell.
Wenn sie alle Gefahren gut überstanden haben, sind sie mit acht Monaten bereits so groß wie ihre Eltern.

Im Stadtpark ist der Boden sandig. Hier wachsen viele stachelige Ginsterbüsche. Ihre leuchtend gelben Blüten duften wunderbar süß und werden von summenden Bienen umschwirrt.

Der Park mit seinen Hügeln, Blumenrabatten und Hecken ist seit vielen Jahren auch das Zuhause einer Wildkaninchenkolonie. Im Lauf der Zeit haben die Tiere einen großen Bau in den weichen Boden gegraben. Die Kammern und langen Gänge reichen bis drei Meter unter die Erde.

Die Kaninchen sitzen still da und beobachten die Umgebung aus ihren großen, dunklen Augen. Eines hat sich wachsam auf seinen Hinterbeinen aufgerichtet. So kann es weiter blicken.

Mit ihrem gräulichen Fell sind die Wildkaninchen auf dem Sandboden gut getarnt. Bei Gefahr flüchten sie in den nahen Bau. Sie müssen keine weiten Strecken sprinten auf ihren recht kurzen Beinen.

Die Kaninchenmutter hat den Wurfbau abseits vom großen Gemeinschaftsbau der Kolonie gegraben. Die Kammer für ihren Nachwuchs hat sie sorgfältig mit Heu ausgepolstert. So haben es die Kleinen warm und weich.

Wenn die Kaninchenbabys geboren werden, sind ihre Augen noch geschlossen und ihre Körper sind nackt und rosa. Kaninchenjunge sind nicht einmal halb so groß wie neugeborene Feldhasen. Die hilflosen Kaninchenbabys werden genau wie junge Hasen mit Milch gesäugt.

Wenn die Mutter den Wurfbau verlässt, verschließt sie die Eingangsröhre mit Erde und Laub. Das erschwert hungrigen Mardern und Wieseln, den Bau zu entdecken.

Im Alter von zehn Tagen öffnen die kleinen Kaninchen zum ersten Mal ihre Augen. Allmählich wächst ihnen ein weiches Fell. Mit ungefähr vier Wochen verlassen die Kleinen den Wurfbau ab und zu und erkunden die Welt über der Erde.

Kaninchen vermehren sich schnell: Ein Wurf besteht im Schnitt aus sechs Jungen, und eine Kaninchenmutter zieht im Jahr bis zu sieben Würfe groß.

Und wer legt nun die Eier?

Bauer Gruber hält auf seinem Hof 2000 Hennen und 20 Hähne. Seine Hühner können sich im Stall aufhalten. Hier gibt es Sitzstangen, auf denen sie sich gern niederlassen. Natürlicherweise schlafen Hühner auf Bäumen. Deshalb dienen ihnen die Sitzstangen auch als Schlafplätze.

In einem überdachten Auslauf nehmen die Vögel in speziellen Kästen ihr Sandbad. Alle Hühner lieben es, so zu baden. Der Sand befreit ihr Gefieder von lästigen Flöhen, Läusen und Milben, die Hühnerblut saugen oder sich von Hautschuppen ernähren.

Auf der Wiese scharren die Hühner nach Regenwürmern und Insekten, und sie picken Samen auf. Bauer Gruber füttert seine Hühnerschar zusätzlich mit Körnern. Das Getreide hat er selbst angebaut und keine giftigen Insektenvernichtungsmittel auf dem Feld versprüht.

Die Hennen, deren Eier wir essen, legen meistens unbefruchtete Eier. In solchen Eiern entwickeln sich keine Küken.
Paart sich die Henne jedoch mit einem Hahn, wird das Ei befruchtet. Die Henne legt jeden Tag ein Ei ins Nest. Wenn es ungefähr zehn Stück sind, beginnt sie zu brüten. Nur wenn sie das Gelege mit ihrem Körper warm hält, entwickeln sich Küken in den Eiern.

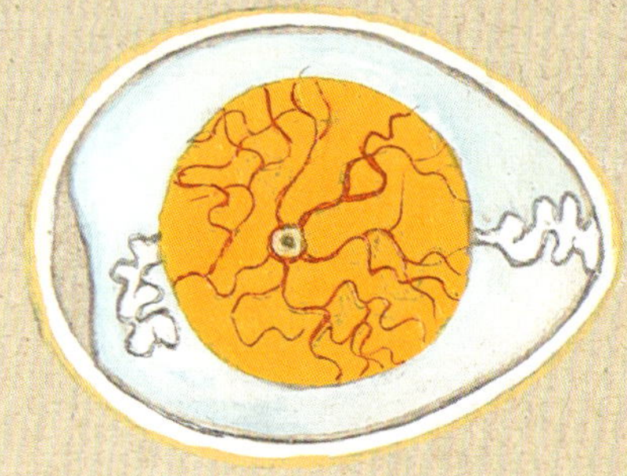

Zunächst ist das künftige Küken bloß ein weißer Fleck außen am Dotter, der sich allmählich vergrößert.
Bald werden die ersten Blutgefäße sichtbar.

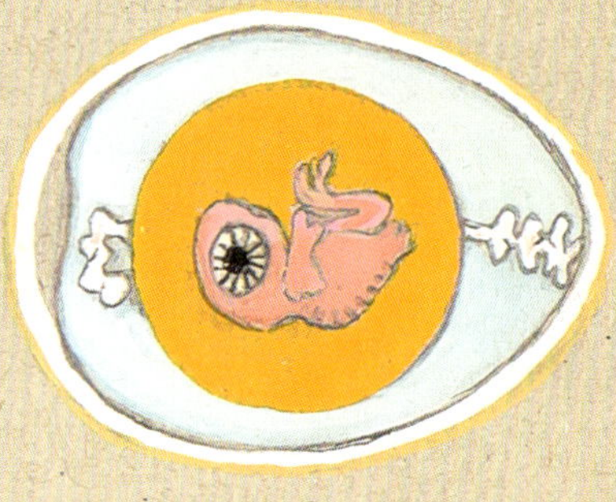

Das Gehirn entwickelt sich, und das Herz beginnt zu schlagen.
Kleine Knospen werden zu Flügeln und Beinen. Der Vogel wird erkennbar.

Am 20. Tag sind alle Körperteile ausgebildet. Das Küken ist jetzt so groß, dass es die ganze Eierschale ausfüllt. Den Dotter hat es beim Wachsen fast aufgebraucht.

Das Küken schlüpft nach rund 21 Tagen. Der kleine Vogel befreit sich ganz allein aus der Schale. Wenn seine Federn getrocknet sind, ist er weich und flauschig.

Am ersten Tag nach dem Schlüpfen lernen die Henne und ihre Küken sich ganz genau kennen. Die Kleinen erkennen ihre Mutter an der Stimme und am Aussehen. Sie zeigt ihren Kindern, wie man Futter aufpickt.

Wenn sie eine Gefahr bemerkt, ruft sie nach ihren Küken. Die kommen dann herbeigeflitzt und suchen unter den Federn der Mutter Schutz. Schon nach fünf Wochen sind kleine Hennen und Hähne selbstständig.

Vielleicht vermutest du, dass weiße Hennen weiße Eier und braune Hennen braune Eier legen. Aber es ist nicht so. Ein anderer Körperteil verrät, welche Farbe die Eierschale hat: die Ohrscheibe am Kopf der Henne.

Hennen mit einer weißen Ohrscheibe legen meistens weiße Eier.
Bei Hennen mit einer roten Ohrscheibe ist die Eierschale meist braun.

Leider haben nicht alle Hühner ein so gutes Leben wie die Hühnerschar von Bauer Gruber. Viele müssen ihr Leben lang immer im Stall bleiben und bekommen nie Tageslicht zu sehen.

Wie das Huhn lebt, von dem dein Frühstücksei stammt, kannst du leicht herausfinden. In Europa wird jedes Ei mit einem dreiteiligen Code gestempelt, zum Beispiel mit 1-DE-9594153. Der zweite Teil verweist auf das Herkunftsland (hier DE für Deutschland) und die Nummer dahinter nennt den Betrieb, in dem das Huhn lebt.

Aufschlussreich ist die Zahl vor dem Landeskürzel:

0 Ökologische Erzeugung. Diese Hühner haben es am besten. Sie können sich im Freien aufhalten und werden mit Biofutter gefüttert.
1 Freilandhaltung. Die Hühner haben viel Auslauf, bekommen aber kein Biofutter.
2 Bodenhaltung. Die Hühner leben in einem geschlossenen Stall, können sich aber frei bewegen. Viel Platz haben die Tiere jedoch nicht.
3 Die Hühner leben in Käfigen. Sie haben kein schönes Leben. In der Schweiz ist eine solche Haltung verboten, nicht aber in Deutschland, Österreich und anderen europäischen Ländern.

Jede Vogelart legt unverwechselbare Eier. Sie können rund, länglich oder spitz, winzig oder sehr groß sein. Manche haben ein Tarnmuster, andere sind einfach nur weiß.

Das Ei des Turmfalken hat ein braungraues, fleckiges Tarnmuster.

Das Wintergoldhähnchen ist der kleinste Vogel, der bei uns in Europa vorkommt. Sein Ei ist nur fünf Millimeter lang.

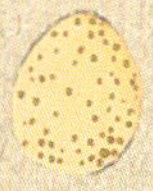

Zwischen Kieselsteinen am Ufer eines Flusses oder Sees legt das Flussregenpfeiferweibchen vier Eier. Sie sind perfekt getarnt. Das müssen sie auch sein, denn das Gelege befindet sich an einem völlig ungeschützten Ort.

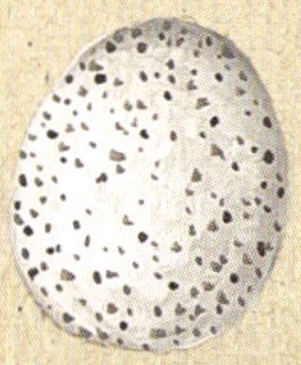

Das Ei der Trottellumme ist oben zugespitzt. Das Besondere: Wenn man es anstößt, kullert es nicht weg, sondern dreht sich um seine eigene Achse. Das hat einen Sinn: Die Trottellumme brütet auf Felsenkliffen am Meer. Wäre das Ei anders geformt, würde es leicht vom Felsband rollen, bevor das Küken schlüpft.

Der Grünspecht nutzt eine leere Nisthöhle in einem Baumstamm oder klopft mit seinem Schnabel selbst eine. Dort hinein legt das Weibchen bis zu acht weiße Eier. Im Schutz der Höhle brauchen sie kein Tarnmuster.

Die schwarzen Amseln fallen auf. Das sind die Männchen. Das Amselweibchen aber ist braun gefleckt. Es legt mehrere türkisgrüne Eier mit bräunlichen Flecken in sein Nest in einem Baum oder Strauch.

Es gibt weiße, braune und sogar grüne Hühnereier. Ein Ei ist fünf bis sechs Zentimeter lang.

Der kleinste Vogel der Erde ist ein Kolibri namens Bienenelfe. Seine winzigen Eier sind nur so groß wie Erbsen.

Der Afrikanische Strauß ist der größte Vogel der Erde und kann bis zu 2,7 Meter hoch werden. Er legt auch die größten Eier. Ein Straußenei ist etwa 15 cm lang und hat denselben Inhalt wie mindestens 24 Hühnereier.

Am Ostersonntag scheint die Sonne. Das Amselweibchen hat heute sein drittes Ei gelegt und die Zwergkaninchen dürfen im Garten herumhoppeln.
Wie alle Hauskaninchen sind sie viel zutraulicher als die scheuen Wildkaninchen. Außerdem haben die meisten Hauskaninchen ein schwarzes, weißes, schokoladenbraunes oder rötliches Fell. Deshalb sind sie in der Natur viel auffälliger und nicht so gut getarnt wie ihre wild lebenden graubraunen Verwandten.

Viele Verhaltensweisen haben sie jedoch von ihren Vorfahren geerbt. Auch Hauskaninchen sind sehr gesellige Tiere. Sie beschnuppern sich oft gegenseitig und unterhalten sich mit gurrenden und fiependen Lauten. Und sie fauchen und knurren. Kaninchen darf man nicht einzeln halten, sonst fühlen sie sich einsam und werden deshalb sogar krank.

Den Zwergkaninchen geht es heute besonders gut. Im Alltag bekommen sie Heu, Kräuter und frische Zweige. Auch Gemüse und Obst stehen auf ihrem Speiseplan. Heute aber gibt es für sie eine Extraportion Karotten, Fenchel, Salat und Äpfel. So machen die Kinder ihren Kaninchen eine große Freude.

krähen (das kann nur der Hahn)

kurze Strecken flatternd zurücklegen

auf der Stange schlafen

im Sand scharren

ein Sandbad nehmen